Günther Thomé und Dorothea Thomé

HEFT 1
HEFT 2
HEFT 3
HEFT 4

Konso-Checker

Alle 13 Konsonantenverdoppelungen in den häufigsten Wörtern im Deutschen:

ll, ss, nn, tt, ck, mm, tz, rr, ff, pp, gg, bb, dd

Basiskonzept Rechtschreiben – ohne Silbengliederung

Alle Wörter mit verdoppelten Konsonanten aus den Grund-, Basis- und Orientierungswortschätzen aus zwölf Bundesländern: Baden-Württemberg, Bayern, Berlin, Brandenburg, Bremen, Hamburg, Hessen, Niedersachsen, Nordrhein-Westfalen, Sachsen, Sachsen-Anhalt, Thüringen

- mit über 550 Haupteinträgen in den sortierten Wörterlisten
- mit vielen Erklärungen und Übungen
- mit einem Lösungsblatt

Dein Name, Klasse: ______________________________

isb Institut für sprachliche Bildung

Die Deutsche Nationalbibliothek verzeichnet die Publikation in der Deutschen Nationalbibliografie; detaillierte bibliografische Daten sind im Internet über https://www.dnb.dnb.de abrufbar.

Alle vier Lernhefte zu allen Orthos (schwierigen Schreibeinheiten) im Deutschen:

ISBN 978-3-94212239-9	**Konso-Checker, Heft 1**
ISBN 978-3-94212240-5	Langvokale, Heft 2
ISBN 978-3-94212241-2	Wortstämme, Heft 3
ISBN 978-3-94212242-9	v, ß und andere, Heft 4

Passend zur Arbeit mit dem Basiskonzept Rechtschreiben:
– Professionelles Wissen über Rechtschreibung, ISBN 978-3-94212234-4
– Deutsche Wörter nach Laut- und Schrifteinheiten, ISBN 978-3-94212243-6
– Häufige Wörter, ISBN 978-3-94212225-2
– Häufigkeiten in der Rechtschreibung, A4-Karten, ISBN 978-3-94212233-7
– So schreibe ich richtig, Übersichtsposter, DIN A1, ISBN 978-3-94212229-0
– OLFA* 1–2 für die Klassen 1 und 2, ISBN 978-3-94212204-7
– OLFA* 3–9+ für die Klassen 3–9+, ISBN 978-3-94212222-1
– OLFA-Online (www.olfaonline.de)
*OLFA – Oldenburger Fehleranalyse

Werbachstr. 16, 26121 Oldenburg
komplette Ökoproduktion: Bio-Farben, zertifiziertes Recyclingpapier, klimaneutraler Druck und Versand, die Umweltdruckerei, Hannover
www.isb-oldenburg.de, ISBN 978-3-94212239-9

Druckerzeugnis
www.natureOffice.com/DE-275-MZPKB3D
klimaneutral
durch CO2-Ausgleich

Inhalt

d a nn

Bilder, Zeichen und Begriffe

Adjektiv Wie-Wort oder Eigenschaftswort: klein – kleiner – am kleinsten

! **Ausrufezeichen** hier kommt etwas Wichtiges, das du dir merken solltest

Basisschreibung ist die häufigste und lautgetreue Schrifteinheit, wie -**e**, **n**, **r**, Basisschreibungen sind am häufigsten, viel häufiger als Orthos

Diphthong Doppellaute, es gibt nur drei: **ei**, **au** und **eu** mit ihren verschiedenen Orthos. Sie werden hier den Langvokalen zugerechnet.

EN Eigenname, wie Bremen, Rostock, Saarland, Sachsen

FW Fremdwort, wie Trainer, Cowboy, Trikot

Infinitiv Grundform bei Verben, immer -en am Ende: lauf**en**, red**en**, les**en**

Grundform bei Verben, immer -en am Ende: lauf**en**, red**en**, les**en**

Konso Abkürzung für Konsonant (Mitlaut)

Konsonanten Mitlaute: **s** ie **s** i **n** **d** **h** ie **r** **f** e **tt** **g** e **d** **r** u **ck** **t**

Kurzvokal ein kurzes a (wie in ***A**pfel, **a**lle),* ein kurzes i (wie in ***I**nsel, **i**ch),* mit einem grünen oder roten Ball wird auf Kurzvokale hingewiesen oder mit einem Punkt: ẹ, ạ, ụ

Langvokal ein langes a (wie in *Gl**a**s, f**ah**ren),* ein langes i (wie in *B**ie**ne, d**ie**, **ih**n),* unterstrichene Vokale (a, e, ie usw.) zeigen **Langvokale** an

Nebenschreibungen od. **Orthos** sind (nach den häufigen Basisschreibungen) die selteneren und schwierigeren Einheiten, wie v, ll, nn, ih, ß. Nebenschreibungen (Orthos) werden hier oft mit Farbe markiert

Nomen Namenwörter wie *Haus*, *Maus*, *Klaus*. Nomen kann man in die Einzahl und Mehrzahl setzen: ein Haus, zwei Häuser

→ der Pfeil verweist auf wichtige Wörter in der Wörterliste

Orthos sind alle Einheiten, die seltener und schwieriger als die häufigen Basisschreibungen sind. Beispiel: **t** ist eine Basisschreibung und **tt** ist eine Nebenschreibung (Ortho)

Plural die Mehrzahl: **zwei** Züge, drei Kinder, vier Hefte

schwache e (auch Murmel-e genannt) ist der häufigste und gleichzeitig der schwächste Kurzvokal. Nach einem schwachen **e** folgt nie eine Konso-Verdoppelung. Beispiele: Hase, haben, geholfen, behalten

Singular die Einzahl: **ein** Zug, ein Kind, ein Heft

Verb Zeitwort, Beispiele: gehen (heute), ging, gegangen (gestern)

Vokale Selbstlaute: s **ie** s **i** n d h **ie** r f **e** tt g **e** d r **u** ck t

Wortbausteine sind die Teile von Wörtern: les + en, Bau + stein, witz + ig

Wortstamm der wichtige Wort**stamm** soll möglichst immer erhalten bleiben: Berg - Berg e, gelb - gelb e. Im Wort *verkaufen* ist *ver-* der vordere Baustein, -***kauf***- der Wortstamm und -en die Endung.

Worum geht es in diesem Heft?

Es geht um alle verdoppelten Konsonanten (Mitlaute).

ll	ss
nn	tt
ck	mm
tz	rr
ff	pp
gg	bb
dd	–

Gut zu wissen:

ck ist die Verdoppelung von k
tz ist die Verdoppelung von z

Alle diese Verdoppelungen sind feste Einheiten, die für einen einzigen Laut stehen. Die doppelten Konsonanten werden nie einzeln gesprochen; sie bilden eine Einheit. So ist zum Beispiel ll die seltene Einheit für den l-Laut.

Die Einheit l steht häufig für den l-Laut (Basisschreibung).
Die Einheit ll steht selten für den l-Laut (Nebenschreibung oder Ortho).
Nur für die Trennung am Zeilenende können die festen Einheiten zerteilt werden.
Es gibt nie eine Verdoppelung von ch, sch, ng, pf, chs oder qu.

Vokale (Selbstlaute) und Konsonanten (Mitlaute)

1. Lies dir dieses Gedicht einmal durch. Es ist nach dem Lied „Drei Chinesen" entstanden und von uns etwas umgedichtet worden.

Drei Piraten auf dem Heringsfass
schwammen auf dem Meer und wurden schrecklich nass.
Da kam ein Kapitän und sprach: „Was ist denn das?"
Drei Piraten auf dem Heringsfass!

2. Nun bist du dran, zuerst nur mündlich. Ersetze jeden Selbstlaut (Vokal) durch einen anderen. Beispiel: *Dro Poroton of dom Horongsfoss foron of dom Mor* ... Schaffst du es auch mit ö, ü oder ä?

3. Setze hier immer den Vokal **a** ein.

Dr*a* P_r_t_n _f d_m H_r_ngsf_ss
schw_mm_n _f d_m M_r _nd
w_rd_n schr_ckl_ch n_ss.
D_ k_m _n K_p_t_n _nd spr_ch:
„W_s _st d_nn d_s?"
Dr_ P_r_t_n _f d_m H_r_ngsf_ss!

4. Male alle Vokale in diesen Sätzen mit einem Buntstift an.
Beispiel: *Mit Konsonanten ...*

Mit Konsonanten (Mitlauten) kannst du die Ersatzprobe nicht so leicht machen. Die Vokale (Selbstlaute) sind die Chefs in allen Wörtern. Daher wollen wir nun auf die Vokale achten.

Es gibt noch eine Unterscheidung, die sehr wichtig ist. Es ist der **Unterschied zwischen Lang- und Kurzvokalen**. Auf alle Fälle gibt es mehr Vokale im Deutschen, als die meisten Leute glauben.

Alle Vokale (Selbstlaute)

Alle Langvokale und ei, au und eu (Doppellaute)

sortiert nach ihrer Häufigkeit

1.	**ei**	das Ei	eine, deine
2.	**e**	die Feder	er, wer, den
3.	**a**	das Glas	da, haben, war
4.	**ie**	die Biene	die, sie, wie
5.	**u**	die Blume	zu, du, nun
6.	**au**	das Auto	auf, aus, auch
7.	**o**	die Hose	oder, so, wo
8.	**ü**	die Tür	über, für
9.	**ö**	der Löwe	schön, böse
10.	**eu**	die Eule	euch, neu
11.	**ä**	der Käse	wäre, nämlich

Alle Kurzvokale, sortiert nach ihrer Häufigkeit

1.	**e***	= das schwache e: der Hase	eine, gemacht
2.	**i**	die Insel	in, im, mit
3.	**a**	der Apfel	was, hat, als
4.	**e**	das Zelt	des, etwas
5.	**u**	die Muschel	uns, zum
6.	**o**	der Frosch	oft, doch
7.	**ü**	die Büsche	fünf
8.	**ö**	die Töpfe	zwölf, öfter

*Kleingedrucktes

Dieses besondere -e klingt kurz und schwach, wie der letzte Laut in *Hase*. Es ist der **häufigste Vokal** im Deutschen! Das wissen die meisten Menschen nicht! Wir nennen es „**das schwache** e". Manche sagen auch Murmel-e dazu. Beim Namen „das schwache e" sprichst du zweimal das schwache e hintereinander: das schwache e. Wichtig ist, dass hinter diesem schwachen e **nie** eine Verdoppelung stehen kann. Obwohl das schwache e zu den Kurzvokalen gehört! Es kann z. B. nie richtig sein: **beekommen* für *bekommen*. Das schwache e kann auch nie der einzige Vokal in einem Wort sein. Hier sind ein paar Beispielwörter mit dem schwachen e: hatte, eine, Mutter, alle, immer, Vater, wieder, wollen, laufen, sollen, wissen, rennen, bekommen, geholfen, Gabel, Geburtstage. Am häufigsten findest du es ganz am Ende vieler Wörter in -en, -er, -el und manchmal auch am Anfang in ge-/Ge- oder be-/Be.

Zum Unterschied von Lang- und Kurzvokalen

Nach einem Langvokal steht nie eine Konso-Verdoppelung.

5. Lies die Wörter vor. Beachte nur den ersten Vokal in jedem Wort.
Umrande dann alle **Kurzvokale** mit der folgenden Verdoppelung: *kommen*
Male einen Strich unter alle **Langvokale**: *kamen*

Kurzvokal	**Langvokal**
kommen	kamen
betten	beten
Mitte	Miete
bitten	bieten

6. Lang- und Kurzvokale entscheiden, wie wir alle Wörter aussprechen und schreiben. Das wollen wir jetzt einmal üben. Sprich die Wörter wieder deutlich aus und achte besonders auf den **ersten Vokal** (der zweite Vokal ist hier immer das kurze und schwache e, wie in bitten, bieten).

Kurzvokal	**Langvokal**	**gemischt**	**gemischt**
kommen	kamen	bieten	kommen
betten	beten	betten	Miete
Mitte	Miete	Mitte	bitten
bitten	bieten	kamen	beten

7. Lies die Wörter erneut. Bei einem **Kurzvokal** denkst du an einen schnellen Ball. Male einen Punkt unter den Kurzvokal: *dann*
Bei einem **Langvokal** denkst du an eine langsam kriechende Schnecke und malst einen Strich unter den Langvokal: *da*

Miete, Mitte, bitten, bieten, kommen, kamen, beten, betten

Memo mit langen und kurzen Vokalen: Suche die passenden Paare Kopieren

der Riese die Riesen	die Risse der Riss	die Miete die Mieten	die Mitte die Mitten
sie kam er/sie/es kam	der Kamm die Kämme	schief schiefer	das Schiff die Schiffe
der Ofen die Öfen	offen offener	 den	denn
die Gase das Gas	die Gasse die Gassen	der Rat die Ratschläge	die Ratte die Ratten
die Saat die Saaten	satt satter	die Sohlen die Sohle	wir sollen sollen
er rief rufen	das Riff die Riffs	die Qual die Qualen	die Qualle die Quallen
es spukt spuken	es spuckt spucken	die Hüte der Hut	die Hütte die Hütten

Kurzvokale und doppelte Konsonanten

Alle acht Kurzvokale

1. **e** der Hase, eine, gesagt, Geschenke, behalten, Beratung
Diesen häufigsten Kurzvokal nennen wir das **schwache e**.
Nach ihm kann **nie** eine Verdoppelung stehen.

! Nur nach diesen sieben Kurzvokalen können Konso-Verdoppelungen stehen: !

2.	**i**	die **I**nsel, **i**n, **i**m, m**i**t	**i**mmer, w**i**ll, w**i**ssen, die M**i**tte
3.	**a**	der **A**pfel, w**a**s, h**a**t, **a**ls	d**a**nn, d**a**ss, h**a**tte, k**a**nn, der **A**ffe
4.	**e**	das Z**e**lt, d**e**s, **e**twas	j**e**tzt, w**e**nn, r**e**nnen, **e**ssen
5.	**u**	die M**u**schel, **u**nd, **u**ns	m**u**ss, die M**u**tter, die N**u**ss
6.	**o**	der Fr**o**sch, **o**ft, d**o**ch	w**o**llen, s**o**llen, **o**ffen, k**o**mmen
7.	**ü**	die B**ü**sche, f**ü**nf	m**ü**ssen, f**ü**llen, die M**ü**cke
8.	**ö**	die T**ö**pfe, zw**ö**lf, **ö**fter	k**ö**nnen, v**ö**llig, pl**ö**tzlich, **ö**ffnen

8. Umrande nun immer die Kurzvokale und die folgenden Verdoppelungen. Konzentriere dich nur auf den ersten Kurzvokal in den Wörtern (nach dem schwachen e, wie in *immer*, *wissen,* gibt es nie eine Verdoppelung).

immer, will, wissen, die Mitte, dann, dass, hatte, kann, jetzt, wenn, rennen, essen, muss, die Nuss, die Mutter, wollen, sollen, offen, kommen, müssen, füllen, die Mücke, können, völlig, plötzlich, öffnen

9. Finde das **schwache e**: Umkreise alle schwachen e in diesen Sätzen. Schreibe fünf Sätze in dein Heft. Umkreise auch dort jedes schwache e.

In diesen Sätzen sollst du bitte jedes schwache e finden. Ein schwaches e befindet sich meistens am Ende der Wörter, manchmal aber auch am Anfang. Nach kurzer Zeit bekommst du sicher heraus, wie häufig dieses schwache e vorkommt. Es ist der häufigste Vokal, aber fast niemand kennt ihn! Es haben sich hier übrigens 24 Stück versteckt.

Memo nur mit Kurzvokalen: Suche die passenden Paare

Kopieren

die Tanne	die Tante	das Ass	der Ast
das Fass	fast	offen	oft
die Kanne	die Kante	die Tasse	die Taste
die Wanne	die Wand	wir hacken	wir harken
die Pfanne	das Pfand	wir fallen	wir falten
die Welle	die Welt	das Kinn	das Kind
die Zelle	das Zelt	wir küssen	die Küsten

10. Male alle doppelten Konsonanten (Mitlaute) mit einem Farbstift an, auch ck und tz. Trage dann die Anzahl der Verdoppelungen für jede Zeile ein. Wie viele sind es insgesamt? Beispiel: dann

Der Schnupfen (leicht verändert)

Ein Schnupfen hockt auf der Terrasse*, 3
auf dass er sich ein Opfer fasse ___
– und stürzt sich dann mit großem Grimm ___
auf einen Menschen namens Schrimm. ___
Herr Schrimm erwidert** prompt: „Pitschü!" ___
und hat ihn dann bis Sonntag früh. ___

Christian Morgenstern

* Terrasse ist ein Fremdwort, Terra bedeutet Erde ** erwidert = antwortet

Hast du alle zwölf Verdoppelungen gefunden? Falls du ein paar Verdoppelungen übersehen hast, versuche es noch einmal.
Tipp: In der letzten und vorletzten Zeile sind es je zwei Verdoppelungen.

11. Jetzt geht es um die Vokale (Selbstlaute), die **vor** diesen doppelten Konsonanten (Mitlauten) stehen. Zeichne immer ein Kästchen um den Vokal und die Verdoppelung. Schreibe sie dann auf.

Der Schnupfen

Ein Schnupfen hockt auf der Terrasse, *ock err ass*
auf dass er sich ein Opfer fasse ___
– und stürzt sich dann mit großem Grimm ___
auf einen Menschen namens Schrimm. ___
Herr Schrimm erwidert prompt: „Pitschü!" ___
und hat ihn dann bis Sonntag früh. ___

Christian Morgenstern

12. Schreibe die Wörter noch einmal auf, die diese Teile beinhalten:

ock: *hockt* ___ err: ___

ass: ___ ann: ___

imm: ___ onn: ___

13. Finde weitere Wörter. Schreibe fünf Wörter in jede Zeile oder in dein Heft.

ann *dann,* ____________________

ass *dass,* ____________________

imm *immer,* ____________________

onn *die Sonne,* ____________________

ock *hocken,* ____________________

err *der Herr,* ____________________

Tipp: Du kannst auch in den Wörterlisten nachschauen. Wenn du ein Wort mit *onn* suchst, dann sieh unter **nn** nach (ab Seite 30).

14. Finde noch weitere Wörter. Schreibe immer fünf Wörter in jede Zeile oder in dein Heft. Beispiel: *itt* *der Ritter*

itt ____________________

ott ____________________

att ____________________

utt ____________________

iss ____________________

oss ____________________

ass ____________________

uss ____________________

ill ____________________

oll ____________________

Der Konso-Checker

Der Kurzvokal spielt eine entscheidende Rolle bei der Verdoppelung von Konsonanten. Bei Wörtern wie *Tanne* oder *fallen* ist es immer notwendig, dass nach dem kurzen **ạ** das ***n*** oder das ***l*** verdoppelt werden. Sonst müsste man *Taaane* oder *faaalen* sagen. Du hörst in diesen Wörter nur einen Konsonanten nach dem **ạ**.

Wenn du dagegen zwei oder mehrere Konsonanten hörst, dann musst du nichts verdoppeln. Hier sind ein paar Beispiele:

T ạ n t e   h ạ l t e n   ạ l t e

Unser Konso-Checker müsste eigentlich Konsonanten-Checker heißen. Auf alle Fälle gibt es ihn mit einer grünen und in einer orangeroten Farbe:

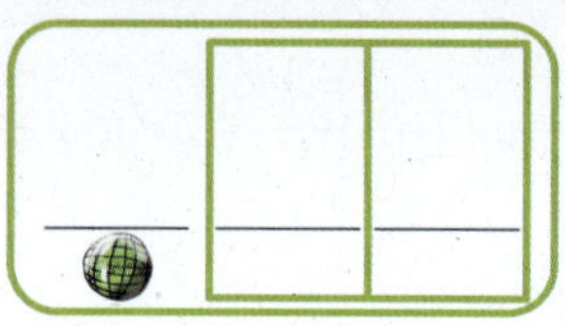

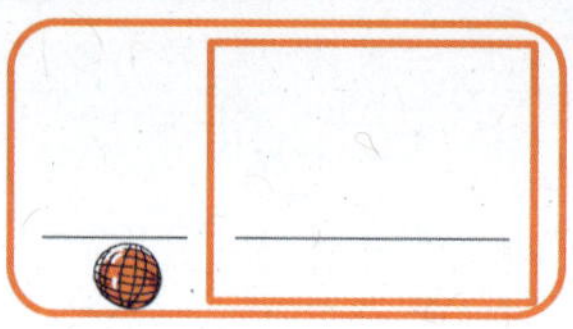

Ausgefüllt mit den Wörtern *Tante* und *Tanne* sieht er so aus:

mindestens zwei hörbare Konsos
= ohne Verdoppelung

ein hörbarer Konso
= mit Verdoppelung

Du siehst, dass der Konso-Checker immer **mit einem Kurzvokal beginnt**. Dann folgen entweder

- **zwei Kästchen mit mindestens zwei hörbaren Konsonanten oder**
- **ein Kästchen mit nur einem hörbaren Konsonanten, der dann doppelt geschrieben wird.**

Mit dem Konso-Checker kannst du nun überprüfen, ob eine Verdoppelung notwendig ist oder nicht. Vielleicht kannst du dir nicht merken, ob man *Welt* oder **Wellt* schreibt? Ein klarer Fall für den Konso-Checker:

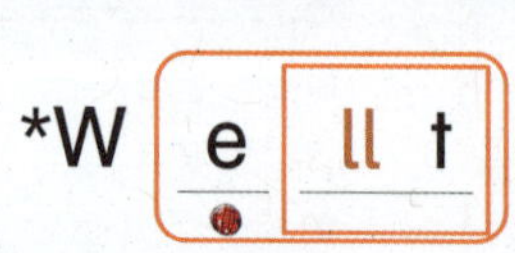

Im **roten** Konso-Checker stehen ll und t, damit ist es hier viel zu voll.
Ein einfaches l und ein t reichen aus, wie der **grüne** Konso-Checker zeigt.
Also schreibst du das Wort *Welt* ohne eine Verdoppelung: *die W e l t*.

Der Konso-Checker passt (bis auf wenige Ausnahmen):

bei Nomen der Affe, das Bett, der Dill, die Ecke, der Fall
Manchmal musst du noch den Wortstamm suchen: die Rettung, der Sonntag, der Mittwoch

bei Verben rennen, wissen, sollen, müssen, wollen, essen
Manchmal musst du die Grundform (Infinitiv) bilden: er rennt: rennen, sie wusste: wissen, es sollte: sollen

bei Adjektiven hell, dürr, schnell, dünn, krass, eckig, schick
Manchmal musst du die Steigerungsformen berücksichtigen: am hellsten: hell, am dürrsten: dürr, am schnellsten: schnell

Der Konso-Checker passt nicht (bis auf wenige Ausnahmen):

bei kleinen Wörtern an, mit, hinter, zum, von, weg, um, ob, ab. Die kleinen Wörter sollen möglichst kurz sein, d. h. mit möglichst wenigen Buchstaben geschrieben werden. Hier gibt es nur Verdoppelungen, um Wörter zu unterscheiden: den und denn, wen und wenn. Passend zu denn und wenn schreiben wir auch dann und wann. Das sind wichtige kleine Ausnahmewörter, die du dir besonders gut merken musst, da sie sehr oft vorkommen.

d a nn

In den Checker passen also hinein:
die Tante (also nicht in echt ;) und *die Tanne* oder *falten* und *fallen*.

T | a | n | t | e   T | a | nn | e

f | a | l | t | en   f | a | ll | en

l | ä | s | t | ig   l | ä | ss | ig

Nun kannst du ein paar Nomen, Verben und Adjektive mit dem Konso-Checker testen.

15. Hier sind einige **Nomen** für dich, um mit dem Checker zu üben. Das Ausfüllen ist einfach. Entscheidend ist, dass der **Kurzvokal** immer in das Feld mit einem Ball sortiert wird. Beispiel: *der Rost* *die Rosse*

Salz Satz (tz ist eine Einheit) Feld Fell bald Ball Welt Welle

S a

S a

16. Hier sind einige **Verben** für dich, um mit dem Checker zu üben. Entscheidend ist wieder, dass der **Kurzvokal** immer in das Feld mit einem Ball sortiert wird. Beispiel: *halten* *hallen*

halten hallen schalten schallen falten fallen (es) hält (es) hallt

h a

h a

17. Bei den **Adjektiven** musst du an die drei Steigerungsstufen denken: *grün, grüner, am grünsten* oder *hell, heller, am hellsten*. Wenn du beispielsweise die Form *am hellsten* hast, dann musst du erst hell bilden, bevor du den Checker einsetzen kannst. Beispiel: am *hellsten* *hell*

am schnellsten   am stillsten   am tollsten   am vollsten

am sch n e ll s t e n   sch n e ll

am ______

am ______

am ______

Später kannst du den Checker zur Übung mit den Wörterlisten einsetzen. Gehen wir einfach mal auf die S. 25 zu den Wörtern mit ll und tragen einige in den Konso-Checker ein. Das Ergebnis würde so aussehen:

A b f a ll	A b f a ll
A ll	A ll
a ll e	a ll e
a ll ei n	a ll ei n
a ll e r d i ng s	a ll e r d i ng s
a ll e s	a ll e s
a ll g e m ei n	a ll g e m ei n

18. Sortiere nach dem Kurzvokal:

Kurzvokal

Beispiel	das Stück	S t ü ck
Beispiel	immer	i mm e r
	dann	______
	wann	______
Hier ist es schwieriger:	abfallen	______
	bestimmen	______
	sie rannten	*sie* ______
	am schnellsten	*am* ______

Dass ein Vokal kurz und schnell ist, wird durch die Anzahl der folgenden Konsonanten angezeigt. Vielleicht hilft dir das Bild mit einem Ball und zwei Beinen, damit du dir besser merken kannst, dass der Kurzvokal mit den folgenden Konsos verbunden ist? Wie ein Ball, der von zwei Beinen oder zwei Füßen angetrieben wird. Es müssen aber mindestens zwei sein.

Im grünen Bild siehst du den Ball mit Schuhen, die zwei unterschiedliche Grüntöne haben.

Im roten Bild siehst du den Ball und zwei Schuhe mit derselben Farbe.

Der Ball ist immer ein Zeichen für einen Kurzvokal.

Kurzvokal
danach kommen mindestens zwei verschiedene Konsonanten

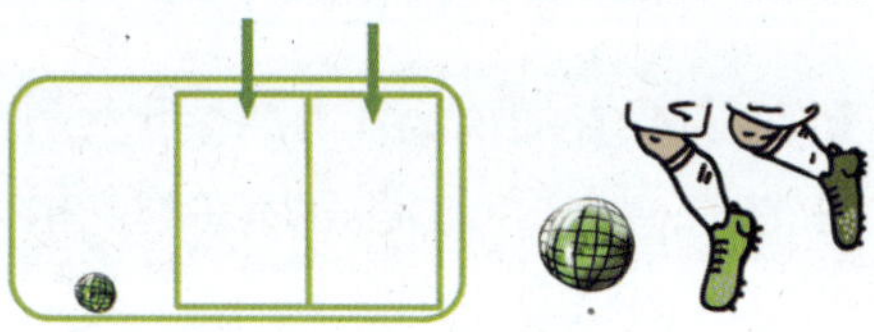

Beispielwörter

	a	l	t	
K	a	n	t	e
f	a	s	t	
b	a	l	d	

mindestens zwei hörbare Konsos: **keine Verdoppelung**

Kurzvokal

Kurzvokal
danach kommt ein verdoppelter Konsonant

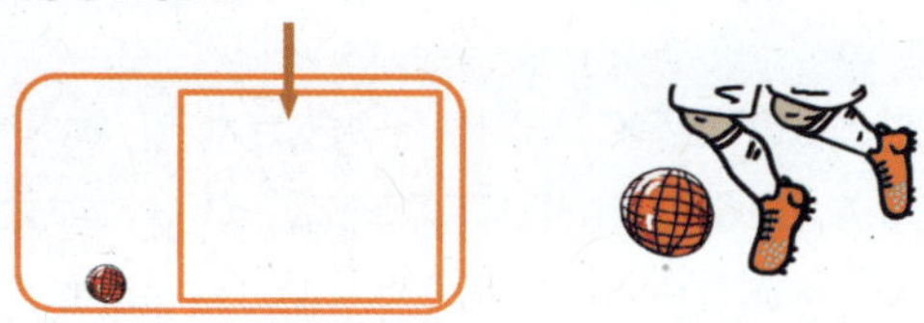

Beispielwörter

	a	ll	e
K	a	nn	e
F	a	ss	
B	a	ll	

ein hörbarer Konso: **eine Verdoppelung**

Kurzvokal

Zusammenfassung

1. Der Kurzvokal ist ausreichend gekennzeichnet, wenn **mindestens zwei hörbare Konsonanten** folgen, wie in *fast*, *bald* oder *Kind.* Hierfür haben wir den grünen Checker.
2. Der Kurzvokal ist ausreichend gekennzeichnet, wenn **der einzige hörbare Konsonant verdoppelt** wird, wie in *Fass*, *Ball* oder *Kinn.* Hierfür haben wir den orangeroten Checker.

19a. Teste nun den Konso-Checker.
Kontrolliere die Wörter auf Seite ____ und schreibe sie auf:

Kopieren

19b. Teste den Konso-Checker (kürzere Übung).
Kontrolliere die Wörter auf Seite ___ und schreibe sie auf:

Kopieren

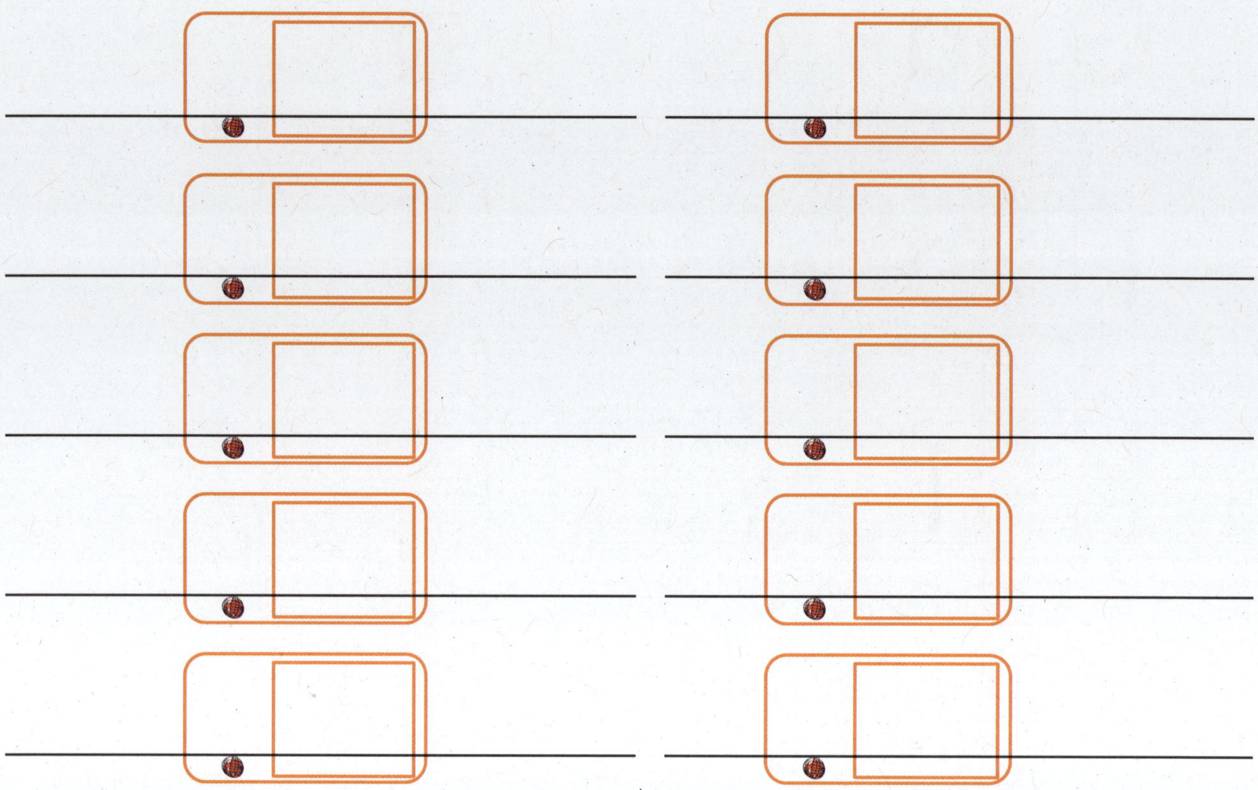

Konso-Checker zum Ausschneiden

Kopieren und ausschneiden

20. Schneide das graue Kästchen mit den beiden Checkern aus. Dann schneide auch die Flächen in den beiden Checkern aus. Wir haben die Formen etwas vereinfacht, damit das Ausschneiden nicht zu schwierig wird. Danach kannst du auf den folgenden Seiten den Checker testen.

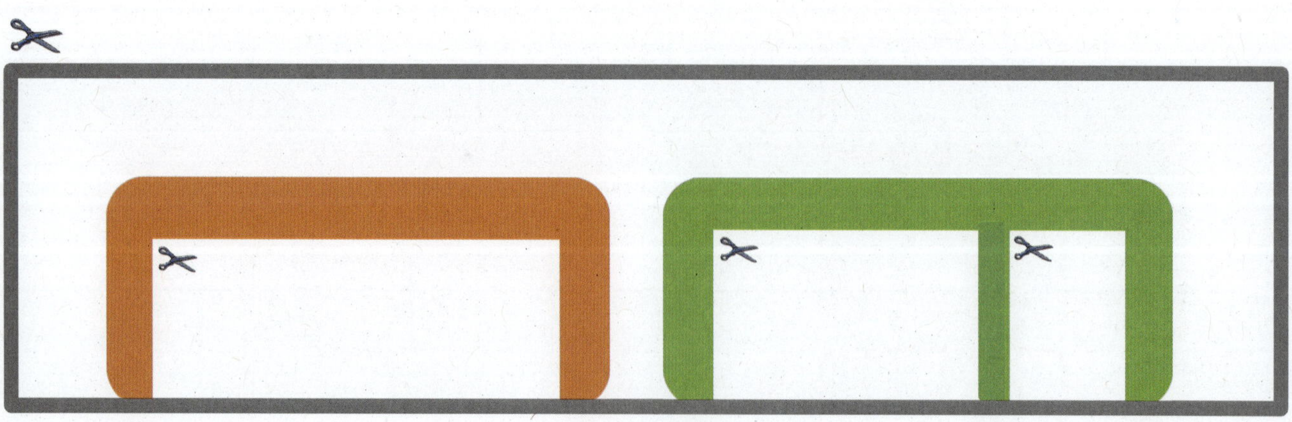

Teste den Konso-Checker: Wörter **mit** Verdoppelung

G	a	s	s	e
F	a	s	s	
K	i	n	n	
T	a	s	s	e
B	a	l	l	
S	a	t	z	
		Hinweis: tz ist eine Einheit		
h	a	t	t	e
	a	l	l	e

Teste den Konso-Checker: Wörter **ohne** Verdoppelung

G	a	s	t	
f	a	s	t	
K	i	n	d	
T	a	s	t	e
b	a	l	d	
S	a	l	z	
h	a	r	t	e
	a	l	s	

Teste den Konso-Checker: Wörter **mit und ohne** Verdoppelung für Profis

<table>
<tr><td></td><td>W</td><td>e</td><td>l</td><td>t</td><td></td><td></td></tr>
<tr><td></td><td>W</td><td>e</td><td>l</td><td>l</td><td>e</td><td></td></tr>
<tr><td></td><td>Sch</td><td>i</td><td>l</td><td>f</td><td></td><td></td></tr>
<tr><td></td><td>Sch</td><td>i</td><td>f</td><td>f</td><td></td><td></td></tr>
<tr><td></td><td>f</td><td>a</td><td>l</td><td>l</td><td>e</td><td>n</td></tr>
<tr><td></td><td>f</td><td>a</td><td>l</td><td>t</td><td>e</td><td>n</td></tr>
<tr><td>s</td><td>t</td><td>ü</td><td>r</td><td>z</td><td>e</td><td>n</td></tr>
<tr><td>s</td><td>t</td><td>ü</td><td>t</td><td>z</td><td>e</td><td>n</td></tr>
</table>

Füge deine Wörter ein. Die Kurzvokale sollten in einer Spalte untereinander stehen.

d	a	n	n			

Wörterlisten mit allen 13 Konso-Verdoppelungen

In den Listen werden die Konso-Verdoppelungen mit roter Farbe markiert. Wir wollen uns nur darauf konzentrieren. Wenn man alle Orthos kennzeichnen würde, dann würde das eher ablenken, hier am Wort Frühstück gezeigt.

ll nach einem Kurzvokal — Basisschreibung ist l

Abfall, der — die Abfälle
All, das — kein Plural
alle → aller
allein
alleine
allerdings
alles
aller — alle — alles
allgemein — allgemeiner — am allgemeinsten
allmählich — allmählicher — am allmählichsten
Ausstellung, die (Aus + stellung = +) — die Ausstellungen
Ball, der — die Bälle
bellen
er/sie/es bellt, bellte, gebellt
billig — billiger — am billigsten
Brille, die — die Brillen
brüllen
er/sie/es brüllt, brüllte, gebrüllt
Darstellung, die — die Darstellungen
ebenfalls (ebenfall + s)
erfüllen
er/sie/es erfüllt, erfüllte, erfüllt
Erfüllung, die — die Erfüllungen
Fall, der — die Fälle
Falle, die — die Fallen
fallen
er/sie/es fällt, fiel, gefallen
falls (fall + s)
fällt → fallen
Fell, das — die Felle
füllen
er/sie/es füllt, füllte, gefüllt
Füller, der — die Füller

Fußball, der — die Fußbälle
gefallen
er/sie/es gefällt, gefiel, gefallen
Gefallen, der — die Gefallen
Gesellschaft, die — die Gesellschaften
gestellt → stellen
gewollt → wollen
Halle, die — die Hallen
hallo
hell — heller — am hellsten
herstellen
er/sie/es stellt her, stellte her, hergestellt
Herstellung, die — die Herstellungen
herunterfallen
er/sie/es fällt herunter, fiel herunter, heruntergefallen
hinfallen
er/sie/es fällt hin, fiel hin, hingefallen
hinstellen
er/sie/es stellt hin, stellte hin, hingestellt
Hülle, die — die Hüllen
jedenfalls (jedenfall + s)
keinesfalls (keinesfall + s)
Keller, der — die Keller
Kellner, der — die Kellner
wie bei *Schaffner, Redner, Schuldner, Ordner*, hier wird an *Kell-* der Baustein *-ner* angefügt
Kellnerin, die — die Kellnerinnen
wie bei *Schaffner, Redner, Schuldner, Ordner*, es werden an *Kell-* die Bausteine *-ner* und *-in* angefügt
knallen
er/sie/es knallt, knallte, geknallt

kontrollieren (FW)
er/sie/es kontrolliert
kontrollierte
kontrolliert

Metall, das (FW)	die Metalle
Million, die (FW)	die Millionen
Müll, der	die Mülle
Null, die	die Nullen
Pullover, der (FW)	die Pullover
Quelle, die	die Quellen
Rolle, die	die Rollen

rollen
er/sie/es rollt
rollte
gerollt

Roller, der		die Roller
Rolltreppe, die		die Rolltreppen
Schall, der		kein Plural

schallen
er/sie/es schallt
schallte
geschallt

schnell	schneller	am schnellsten
Schnuller, der		die Schnuller

sollen
er/sie/es soll
sollte
gesollt

Stall, der	die Ställe
Stelle, die	die Stellen

stellen
er/sie/es stellt
stellte
gestellt

Stellung, die		die Stellungen
still	stiller	am stillsten
Tankstelle, die		die Tankstellen
Teller, der		die Teller
toll	toller	am tollsten
überall		
Überfall, der		die Überfälle
Unfall, der		die Unfälle
Villa, die (FW)		die Villen

voll (unübliche Steigerung: voller am vollsten)
völlig
vollkommen
vollständig vollständiger am vollständigsten

Welle, die		die Wellen
Weltall, das		kein Plural
will	→ wollen	
Wille, der		kein Plural
Wolle, die		selten: die Wollen

wollen
er/sie/es will
wollte
gewollt

Teile diese **besonderen ll-Wörter** auf. Beispiel: *all-gemein* oder *all-ge-mein*
Es geht hier nicht um die Trennung am Zeilenende.
Die Lösungen findest du in der ll-Liste, beachte auch die grauen Wortbausteine.

allgemein ich teile auf in: ______________________

ebenfalls ich teile auf in: ______________________

falls ich teile auf in: ______________________

die Gesellschaft ich teile auf in: ______________________

am hellsten ich teile auf in: ______________________

jedenfalls ich teile auf in: ______________________

der Kellner ich teile auf in: ______________________
entstanden aus dem Wort *Keller*. *Kel~~ler~~ +ner*, wie bei S*chaff+ner*, *Öff+ner*

die Rolltreppe ich teile auf in: ______________________

am schnellsten ich teile auf in: ______________________

am stillsten ich teile auf in: ______________________

vollkommen ich teile auf in: ______________________

am vollsten ich teile auf in: ______________________

wollte ich bilde die Grundform mit -en (*w*-, *wir w*-): ______________________

Lösungsblatt zum Konso-Checker, Heft 1

Falls du hier keine Lösungen findest, dann suche in den Wörterlisten im Heft.

Seite 6

3. Aufgabe: Dra Paratan af dam Harangsfass schwamman af dam Mar and wardan schracklach nass.
Da kam an Kapatan and sprach:
„Was ast dann das?"
Dra Paratan af dam Harangsfass!

4. Aufgabe: Mit Konsonanten (Mitlauten) kannst du die Ersatzprobe nicht so leicht machen. Die Vokale (Selbstlaute) sind die Chefs in allen Wörtern. Daher wollen wir nun auf die Vokale achten.

Seite 8

7. Aufgabe: Miete, Mitte, bitten, bieten, kommen, kamen, beten, betten

Seite 10

8. Aufgabe: immer, will, wissen, die Mitte, dann, dass, hatte, kann, jetzt, wenn, rennen, essen, muss, die Nuss, die Mutter, wollen, sollen, offen, kommen, müssen, füllen, die Mücke, können, völlig, plötzlich, öffnen

9. Aufgabe: In diesen Sätzen sollst du bitte jedes schwache e finden. Ein schwaches e befindet sich meistens am Ende der Wörter, manchmal aber auch am Anfang. Nach kurzer Zeit bekommst du sicher heraus, wie häufig dieses schwache e vorkommt. Es ist der häufigste Vokal, aber fast niemand kennt ihn! Es haben sich hier übrigens 24 Stück versteckt.

Seite 12

10. Aufgabe:

Ein Schnupfen hockt auf der Terrasse,	3
auf dass er sich ein Opfer fasse	2
– und stürzt sich dann mit großem Grimm	2
auf einen Menschen namens Schrimm.	1
Herr Schrimm erwidert prompt: „Pitschü!"	2
und hat ihn dann bis Sonntag früh.	2
	12

11. Aufgabe:

Ein Schnupfen h ock t auf der T err ass e,	ock, err, ass
auf d ass er sich ein Opfer f ass e	ass, ass
– und stürzt sich d ann mit großem Gr imm	ann, imm
auf einen Menschen namens Schr imm.	imm
H err Schr imm erwidert prompt: „Pitschü!"	err, imm
und hat ihn d ann bis S onn tag früh.	ann, onn

12. Aufgabe:

ock:	hockt	err:	Terrasse, Herr
ass:	Terrasse, dass, fasse	ann:	dann, dann
imm:	Grimm, Schrimm, Schrimm	onn:	Sonntag

Seite 17

17. Aufgabe:

am schnellsten –	schnell
am stillsten –	still
am tollsten –	toll
am vollsten -	voll

18. Aufgabe:

dann	d a nn
wann	w a nn
abfallen	a b f a ll e n
bestimmen	b e s t i mm e n
sie rannten	sie r a nn t e n
am schnellsten	am sch n e ll s t e n

Seite 29

21. Aufgabe:

die Erlebnisse	das Erlebnis	(hier -nis und -nisse)
die Geheimnisse	das Geheimnis	(hier -nis und -nisse)
die Ergebnisse	das Ergebnis	(hier -nis und -nisse)
die Busse	der Bus	

22. Aufgabe:

sie wusste	wissen	wir wissen
es musste	müssen	wir müssen
er fasste	fassen	wir fassen
sie passte	passen	wir passen
er misst	messen	wir messen
sie isst	essen	wir essen

23. Aufgabe:

gut	besser	am besten (!)
krass	krasser	am krassesten
lässig	lässiger	am lässigsten
nass	nasser	am nassesten

Seite 31

24. Aufgabe:

	eine Ärztin	viele	Ärztinnen (hier -in und -innen)
	eine Lehrerin	viele	Lehrerinnen (hier -in und -innen)
	eine Polizistin	viele	Polizistinnen (hier -in und -innen)
	eine Malerin	viele	Malerinnen (hier -in und -innen)
	eine Sportlerin	viele	Sportlerinnen (hier -in und -innen)
und auch	eine Schülerin	viele	Schülerinnen (hier -in und -innen)
	eine Freundin	viele	Freundinnen (hier -in und -innen)

Seite 33

25. Aufgabe:

Glatteis	ich teile auf in:	Glatt- und -eis	oder glatt und Eis
Schrittzähler	ich teile auf in:	Schritt- u. -zähler	oder Schritt u. Zähler
Blattgrün	ich teile auf in:	Blatt- und -grün	oder Blatt und grün
Betttuch	ich teile auf in:	Bett- und -tuch	oder Bett und Tuch
Wettbüro	ich teile auf in:	Wett- und -büro	oder Wett- und Büro

Seite 38

26. Aufgabe:

amm der Damm, die Flamme, der Hammer, jammern, der Kamm, die Kammer, die Klammer, das Programm, sammeln, die Sammlung, der Schwamm, der Stamm, die Versammlung, zusammen

emm klemmen –

imm das Badezimmer, bestimmen, bestimmt, bestimmte, die Bestimmung, der Himmel, immer, immerhin, nimmt, das Schlafzimmer, schlimm, das Schwimmbad, schwimmen, die Stimme, stimmen, das Wohnzimmer, das Zimmer

omm ankommen, bekommen, genommen, geschwommen, heraus-, herein-, herkommen, kommen, der Kommissar, Mecklenburg-Vorpommern, mitkommen, die Pommes, runterkommen, rauskommen, der Sommer, vollkommen, vorbeikommen, das Vorkommen

umm brummeln, bummeln, dumm, das Gummi, krumm, die Nummer, nummerieren, die Summe

ümm dümmer, kümmern

ämm kämmen (auch: die Dämme, die Hämmer, die Kämme, die Schwämme, die Stämme)

Seite 41

27. Aufgabe:

Nomen	Verben	Adjektive	kleine Wörter
das Geklirr	knurren	herrlich	heraus ;)
der Herr	verirren	dürr	
das Geschirr	klirren		
	sperren		
	absperren		

Abendessen, das — die Abendessen
anfassen
  er/sie/es fasst an
  fasste an
  angefasst
Auffassung, die (Auf + fassung = ● + ●) — die Auffassungen
aufpassen
  er/sie/es passt auf
  passte auf
  aufgepasst
beeinflussen (be + einflussen = ● + ●)
  er/sie/es beeinflusst
  beeinflusste
  beeinflusst
beschlossen (beschließen, er/sie/es beschließt, beschloss, beschlossen)
besessen → besitzen
besser (gut, besser, am besten)
Besserung, die — selten Plural
biss (beißen, er/sie/es beißt, biss, gebissen)
Biss, der (siehe auch biss + chen) — die Bisse
bisschen (biss + chen = ● + ●, → Biss)
Busse, die (FW, Plural) — Bus, der
dass[1]
dessen
Einfluss, der — die Einflüsse
Ergebnisse, die (Plural) — Ergebnis, das
Erlaubnisse, die (Plural) — Erlaubnis, die
Erlebnisse, die (Plural) — Erlebnis, das
essen
  er/sie/es isst
  aß
  gegessen
Essen, das — die Essen
Fass, das — die Fässer
fassen
  er/sie/es fasst
  fasste
  gefasst
floss (fließen, er/sie/es fließt, floss, geflossen)
Fluss, der — die Flüsse
flüssig — flüssiger — am flüssigsten
Flüssigkeit, die — die Flüssigkeiten
fressen
  er/sie/es frisst
  fraß
  gefressen
Gasse, die — die Gassen
gefasst → fassen

gefressen → fressen
gegessen → essen
gegossen (gießen, er/sie/es gießt, goss, gegossen)
Geheimnisse, die (Plural) — Geheimnis, das
genoss (genießen, er/sie/es genießt, genoss, genossen)
geschlossen (schließen, er/sie/es schließt, schloss, geschlossen)
gesessen → sitzen
gewiss — gewisser (selten: am gewissesten)
Gewissen, das
gewusst → wissen
goss (gießen, er/sie/es gießt, goss, gegossen)
Hessen (EN)
indessen
Interesse, das (FW) — die Interessen
isst → essen
Kasse, die — die Kassen
Kenntnisse, die (Plural) — Kenntnis, die
Kessel, der — die Kessel
Kissen, das — die Kissen
Klasse, die — die Klassen
Kommissar, der (FW) — die Kommissare
Kompass, der (FW) — die Kompasse
krass — krasser — am krassesten
Kuss, der — die Küsse
küssen
  er/sie/es küsst
  küsste
  geküsst
lassen
  er/sie/es lässt
  ließ
  gelassen
lässig — lässiger — am lässigsten
lässt → lassen
loslassen
  er/sie/es lässt los
  ließ los
  losgelassen
Masse, die — die Massen
messen
  er/sie/es misst
  maß
  gemessen
Messer, das — die Messer
missmutig — missmutiger — am missmutigsten
misst → messen
Missverständnisse, die (Plural) — Missverständnis, das
Mittagessen, das — die Mittagessen

1 Dieses häufige dass kann durch **kein** anderes Wort (wie *dieses*, *jenes*, *welches*) ersetzt werden.

müssen
er/sie/es muss
musste
gemusst
musste → müssen
nass nasser am nassesten
Nässe, die kein Plural
Nuss, die  die Nüsse
pass auf → aufpassen
Pass, der die Pässe
passen
er/sie/es passt
passte
gepasst
passieren
er/sie/es passiert
passierte
passiert
Presse, die (= die Saftpresse) die Pressen
Presse, die (= die Zeitungen, Zeitschriften)
pressen
er/sie/es presst
presste
gepresst
Prinzessin, die (FW) die Prinzessinnen
Professor, der (FW) die Professoren
Professorin, die (FW) die Professorinnen
quasseln
er/sie/es quasselt
quasselte
gequasselt
riss (reißen, er/sie/es reißt, riss, gerissen)
Riss, der die Risse
russisch (EN)
schloss (schließen, er/sie/es schließt, schloss, geschlossen)
Schloss, das die Schlösser
Schluss, der selten Plural

Schlüssel, der die Schlüssel
schmiss (schmeißen, er/sie/es schmeißt, schmiss, geschmissen)
schoss (schießen, er/sie/es schießt, schoss, geschossen)
Schuss, der die Schüsse
Schüssel, die die Schüsseln
Sessel, der die Sessel
Tasse, die die Tassen
tschüss (= Verabschiedung, auch tschüß)
Verfasser, der die Verfasser
Verfasserin, die die Verfasserinnen
vergessen
er/sie/es vergisst
vergaß
vergessen
Verhältnisse, die (Plural) Verhältnis, das
verlassen
er/sie/es verlässt
verließ
verlassen
Verzeichnisse, die (Plural) Verzeichnis, das
währenddessen (während + dessen = ● + ●)
Wasser, das die Wässer/Wasser
Wasserhahn, der die Wasserhähne
wessen
wissen
er/sie/es weiß
wusste
gewusst
Wissen, das selten: die Wissen
Wissenschaft, die die Wissenschaften
wusste → wissen
zerriss (zer + reißen = ● + ●, er/sie/es zerreißt, zerriss, zerrissen)
Zeugnisse, die (Plural) Zeugnis, das

Bilde neue Wörter

Wörter mit ss	Wörter mit -s und einem weiteren Konsonanten
die Gasse	*der Gast,* gastlich
die Tasse	die Taste, tasten, ertasten, abtasten
das Fass, fassen	fast, fasten, Fasstenzeit
besser	am besten, Bestleistung
hassen	hasten, die Hast
lassen	die Last, lasten, der Laster, belasten
lässig	lästig

Teile diese **besonderen Wörter mit ss** auf. Beispiel: *lässt   lass-en, wir lassen*
Die Lösungen findest du in der Liste oben, beachte die grauen Wortbausteine.

lässt   ich bilde die Grundform mit -en (*la*-, Probe: *wir la*-): ____________________

missmutig   ich teile auf in: ____

das Missverständnis   ich teile auf in: ____________________________________

musste   ich bilde die Grundform mit -en (*mü*-, Probe: *wir mü*-): ________________

wusste   ich bilde die Grundform mit -en (*wi*-, Probe: *wir wi*-) : __________________

21. Nur Nomen (Namenwörter)

Hier stehen alle Nomen in der Mehrzahl (Plural). Schreibe die Einzahl (Singular) auf und danach je zwei Sätze in dein Heft. Beispiel: *die Erlebnisse   das Erlebnis. Wir hatten ein schönes Erlebnis. Heute hatten wir viele schöne Erlebnisse.*

die Erlebnisse	das	
die Geheimnisse	das	
die Ergebnisse	das	
die Busse	der	

22. Nur Verben (Zeitwörter)

Schreibe immer die Grundform (mit *-en*) auf und danach einen kurzen Satz, der mit *Wir* beginnt. Beispiel: *er wusste   wissen   Wir wissen nicht alles.*

sie wusste

es musste

er fasste

sie passte

er misst

sie isst

23. Nur Adjektive (Wie-Wörter)

Schreibe immer die Steigerungsformen auf. Beispiel: gut   *besser, am besten*

gut

krass

lässig

nass

nn nach einem Kurzvokal — Basisschreibung ist n

Antenne, die (FW) — die Antennen
Badewanne, die — die Badewannen
beginnen
er/sie/es beginnt
begann
begonnen
bekannt — bekannter — am bekanntesten
brennen
er/sie/es brennt
brannte
gebrannt
dann
denn
Direktorinnen, die (FW, Plural) — Direktorin, die
Donner, der — die Donner
donnern
er/sie/es donnert
donnerte
gedonnert
Donnerstag, der — die Donnerstage
drinnen
dünn — dünner — am dünnsten
entspannt — entspannter — am entspanntesten
Entspannung, die — die Entspannungen
erinnern (sich)
er/sie/es erinnert (sich)
erinnerte (sich)
(sich) erinnert
Erinnerung, die — die Erinnerungen
erkennen
er/sie/es erkennt
erkannte
erkannt
Freundinnen, die (Plural) — Freundin, die
gekonnt → können
genannt → nennen
gespannt → spannen
Gewinn, der — die Gewinne
gewinnen
er/sie/es gewinnt
gewann
gewonnen
gewonnen → gewinnen
Heldinnen, die (Plural) — Heldin, die
innen
innerer — innere — inneres
innerhalb
irgendwann
kann → können
Kanne, die — die Kannen
kennen
er/sie/es kennt
kannte
gekannt

Kenntnis, die — die Kenntnisse
hier soll der Baustein *Kenn-* erhalten bleiben und da es nicht **Kenn- nis* heißen soll, wird ein Fugen-t vor das *-nis* eingefügt: *Kenn + t + nis*
Kinn, das — selten: die Kinne
Königinnen, die (Plural) — Königin, die
konnte → können
können
er/sie/es kann
konnte
gekonnt
Lehrerinnen, die (Plural) — Lehrerin, die
Mann, der — die Männer
Mannschaft, die — die Mannschaften
Nachbarinnen, die (Plural) — Nachbarin, die
nennen
er/sie/es nennt
nannte
genannt
Pfanne, die  die Pfannen
Polizistinnen, die (FW, Plural) — Polizistin, die
rennen
er/sie/es rennt
rannte
gerannt
Sinn, der — die Sinne
Sonnabend, der — die Sonnabende
Sonne, die  die Sonnen
sonnen sich
er/sie/es sonnt sich
sonnte sich
sich gesonnt
sonnig — sonniger — am sonnigsten
Sonntag, der (→ Sonne, Sonn + tag =  + ) die Sonntage
spannen
er/sie/es spannt
spannte
gespannt
spannend — spannender — am spannendsten
Spannung, die — die Spannungen
Spinne, die — die Spinnen
Tanne, die  die Tannen
Tannenbaum, der — die Tannenbäume
trennen (sich)
er/sie/es trennt
trennte
getrennt
verbrennen
er/sie/es verbrennt
verbrannte
verbrannt
Verbrennung, die — die Verbrennungen

wann
Wanne, die | die Wannen | wenn | Wettrennen, das | die Wettrennen

24. Die meisten Berufsbezeichnungen für Frauen enden in der Mehrzahl (Plural) auf -innen. Beispiel: *Autorinnen*

eine Ärztin viele ______
eine Lehrerin viele ______
eine Polizistin viele ______
eine Malerin viele ______
eine Sportlerin viele ______
auch eine Schülerin viele ______
eine Freundin viele ______

Tipp: Am besten ist es, wenn du die Wörter **dann** und **wann**, **denn** und **wenn** auf ein Blatt Papier schreibst und an einen gut sichtbaren Ort klebst.[2]

Teile diese **besonderen nn-Wörter** auf. Beispiel: *am dünnsten am dünn-sten*
Es geht hier nicht um die Trennung am Zeilenende.
Die Lösungen findest du in der nn-Liste, beachte auch die grauen Wortbausteine.

am dünnsten ich teile auf in: ______

entspannt ich bilde die Grundform mit -en (*entsp*-, *wir entsp*-): ______

kennt ich bilde die Grundform mit -en (*k*-, Probe: *wir k*-): ______

die Kenntnis ich teile auf in: ______
entstanden aus den Teilen *kennen + t + nis*: *die Kenn + t + nis*

die Mannschaft ich teile auf in: ______

rennt ich bilde die Grundform mit -en (*r*-, Probe: *wir r*-): ______

der Sonntag ich teile auf in: ______

das Wettrennen ich teile auf in: ______

Bilde neue Wörter

Wörter mit nn	Wörter mit -n und einem weiteren Konsonanten
die Kanne	*die Kante, verkanten, das Kantholz*
die Tanne	die Tante
das Kinn	das Kind, kindlich
die Wanne	die Wand

2 Wir bedanken uns herzlich bei Sabine Kruber für diesen guten Hinweis!

tt nach einem Kurzvokal — Basisschreibung ist t

Batterie, die (FW)		die Batterien
Bett, das		die Betten
betteln		
er/sie/es	bettelt	
	bettelte	
	gebettelt	
bitte		
Bitte, die		die Bitten
bitten		
er/sie/es	bittet	
	bat	
	gebeten	
bitter	bitterer	am bittersten
Blatt, das		die Blätter
Brett, das		die Bretter
Butter, die		
Butterbrot, das		die Butterbrote
dritte		
drittens		
Eintritt, der		die Eintritte
fett	fetter	am fettesten
Fett, das		die Fette
flattern		
er/sie/es	flattert	
	flatterte	
	geflattert	
Futter, das		
füttern		
er/sie/es	füttert	
	fütterte	
	gefüttert	
gelitten	(leiden, er/sie/es leidet, litt, gelitten)	
geklettert → klettern		
geschnitten	(schneiden, er/sie/es schneidet, schnitt, geschnitten)	
gestritten	(streiten, er/sie/es streitet, stritt, gestritten)	
Gewitter, das		die Gewitter
glatt	glatter	am glattesten
Gott, der		die Götter
hatte	(haben, er/sie/es hat, hatte, gehabt)	
hätte	(sie hätte gerne ...)	
Hütte, die		die Hütten
kaputt	kaputter	am kaputtesten
Kette, die		die Ketten
klettern		
er/sie/es	klettert	
	kletterte	
	geklettert	
Latte, die		die Latten
litt	(leiden, er/sie/es leidet, litt, gelitten)	

matt	matter	am mattesten
Matte, die		die Matten
Mittag, der	(eigentlich: Mitt + tag, → Mitte)	die Mittage
Mittagessen, das		die Mittagessen
mittags		
Mitte, die		selten: die Mitten
Mittel, das		die Mittel
Mittelpunkt, der		die Mittelpunkte
Mitternacht, die		die Mitternächte
Mittwoch, der (→ Mitte)		selten: die Mittwoche eigentlich: Mitt + woch
Mutter, die (auch: Mutti)		die Mütter
Nachmittag, der		die Nachmittage
nett	netter	am nettesten
Platte, die		die Platten
quitt (FW)		
ritt	(reiten, er/sie/es reitet, ritt, geritten)	
Ritter, der		die Ritter
retten		
er/sie/es	rettet	
	rettete	
	gerettet	
satt	satter	am sattesten
Schatten, der		die Schatten
Schlitten, der		die Schlitten
Schmetterling, der		die Schmetterlinge
Schnitt, der		die Schnitte
schnitt	(schneiden, er/sie/es schneidet, schnitt, geschnitten)	
Schritt, der		die Schritte
schütteln		
er/sie/es	schüttelt	
	schüttelte	
	geschüttelt	
schütten		
er/sie/es	schüttet	
	schüttete	
	geschüttet	
spotten		
er/sie/es	spottet	
	spottete	
	gespottet	
statt (auch: anstatt)		
stritt	(streiten, er/sie/es streitet, stritt, gestritten)	
tritt	(treten, er/sie/es tritt, trat, getreten	
Tritt, der		die Tritte
unmittelbar		
Vormittag, der		die Vormittage
vormittags		

Watt, das (das Wattenmeer) kein Plural
Wette, die die Wetten
wetten
er/sie/es wettet
wettete
gewettet
Wetter, das selten: die Wetter

Wettrennen, das die Wettrennen
Zettel, der die Zettel
zittern
er/sie/es zittert
zitterte
gezittert

Bilde neue Wörter

Wörter mit tt	Wörter mit -t und einem weiteren Konsonanten
die Wette	*die Weste, der Westen, westlich*
hatte	harte, du hast, die Hast, hasten
das Fett	das Fest, fest, festlich
nett	das Nest

Warum passt dieses Wort noch nicht in den Konso-Checker?
Man muss es erst vorbereiten, damit es hineinpasst:

der Mittwoch ich teile das Wort auf in: Mitt + woch
aus: die Mitte und die Woche
Mitt e wird verkürzt zu Mitt -
Woche wird verkürzt zu -woch
daraus entsteht M i tt woch
also schreibe ich: der Mittwoch mit zwei tt.

Teile diese **besonderen tt-Wörter** auf. Beispiel: *der Mittwoch der Mitt-woch*
Es geht hier nicht um die Trennung am Zeilenende.
Die Lösungen findest du in der tt-Liste, beachte auch die grauen Wortbausteine.

der Mittwoch ich teile auf in: ______________________________

das Wettrennen ich teile auf in: ______________________________

25. Teile diese zusammengesetzten Wörter auf. Beispiel: *Glatteis Glatt-eis* aus *glatt* und *Eis*

Glatteis ich teile auf in: ______________________________

Schrittzähler ich teile auf in: ______________________________

Blattgrün ich teile auf in: ______________________________

Betttuch ich teile auf in: ______________________________

Wettbüro ich teile auf in: ______________________________

ck nach einem Kurzvokal — Basisschreibung ist k

Acker, der — die Äcker

aufwecken
er/sie/es weckt auf
weckte auf
aufgeweckt

Augenblick, der — die Augenblicke

Ausdruck, der — die Ausdrücke

Backe, die (= die Wange) — die Backen

backen
er/sie/es backt (bäckt)
backte (buk)
gebacken

Bäcker, der — die Bäcker

Bäckerin, die — die Bäckerinnen

Becken, das — die Becken

beeindrucken (be + eindrucken = +)
er/sie/es beeindruckt
beeindruckte
beeindruckt

Blick, der — die Blicke

blicken
er/sie/es blickt
blickte
geblickt

Block, der — die Blöcke

Brücke, die — die Brücken

bücken
er/sie/es bückt
bückte
gebückt

Decke, die — die Decken

Deckel, der — die Deckel

decken
er/sie/es deckt
deckte
gedeckt

dick — dicker — am dicksten

Dreck, der

dreckig — dreckiger — am dreckigsten

Druck, der

drucken
er/sie/es druckt
druckte
gedruckt

drücken
er/sie/es drückt
drückte
gedrückt

Ecke, die — die Ecken

eckig — eckige — eckiger

Eindruck, der — die Eindrücke

einpacken
er/sie/es packt ein
packte ein
eingepackt

entdecken
er/sie/es entdeckt
entdeckte
entdeckt

entwickeln
er/sie/es entwickelt
entwickelte
entwickelt

Entwicklung, die — die Entwicklungen
aus: Ent + wickl + ung, hier sollte der Baustein wickel möglichst erhalten bleiben. Da *Entwickelung aber nicht gut zu sprechen ist, wurde wie bei regenen und öffenen das schwache e gelöscht.

erschrecken jemanden
er/sie/es erschreckt jemanden
erschreckte jemanden
jemanden erschreckt

erschrecken (sich)
er/sie/es erschrickt
erschrak
erschrocken

erschrickt → erschrecken (sich)

erschrocken → erschrecken (sich)

Fleck, der — die Flecken

flicken
er/sie/es flickt
flickte
geflickt

Frühstück, das — die Frühstücke

frühstücken
er/sie/es frühstückt
frühstückte
gefrühstückt

geguckt → gucken

Glück, das

glücklich — glücklicher — am glücklichsten

gucken
er/sie/es guckt
guckte
geguckt

Hecke, die — die Hecken

hocken (sich)
er/sie/es hockt
hockte
gehockt

Jacke, die — die Jacken

knacken
er/sie/es knackt
knackte
geknackt

knicken
er/sie/es knickt
knickte
geknickt

lecken
er/sie/es leckt
leckte
geleckt

lecker leckerer am leckersten
locker lockerer am lockersten
Lücke, die die Lücken
Mecklenburg-Vorpommern (EN)
nicken
er/sie/es nickt
nickte
genickt
packen
er/sie/es packt
packte
gepackt
Päckchen, das (→ packen) die Päckchen
Packung, die die Packungen
pflücken
er/sie/es pflückt
pflückte
gepflückt
Rock, der die Röcke
rücken
er/sie/es rückt
rückte
gerückt
Rücken, der die Rücken
Rücksicht, die die Rücksichten
Sack, der die Säcke
schicken
er/sie/es schickt
schickte
geschickt
Schicksal, das die Schicksale
schlucken
er/sie/es schluckt
schluckte
geschluckt
schmecken
er/sie/es schmeckt
schmeckte
geschmeckt
Schmuck, der (die Schmucke)
Spucke, die (die Spucken)
Schnecke, die die Schnecken
Schreck, der die Schrecken
schrecken
er/sie/es schreckt
schreckte
geschreckt
schrecklich schrecklicher
am schrecklichsten
stecken
er/sie/es steckt
steckte
gesteckt
sticken
er/sie/es stickt
stickte
gestickt
Stock, der die Stöcke
Strecke, die die Strecken
strecken
er/sie/es streckt
streckte
gestreckt
Strick, der die Stricke
stricken
er/sie/es strickt
strickte
gestrickt
Stück, das die Stücke
trocken trockener am trockensten
Unglück, das die Unglücke
verpacken
er/sie/es verpackt
verpackte
verpackt
Verpackung, die die Verpackungen
verrückt (ver + rückt = +) verrückter
am verrücktesten
Versteck, das die Verstecke
verstecken
er/sie/es versteckt
versteckte
versteckt
wackeln
er/sie/es wackelt
wackelte
gewackelt
wecken
er/sie/es weckt
weckte
geweckt
Wecker, der die Wecker
weckt → wecken
Zucker, der (die Zucker)
zudecken
er/sie/es deckt zu
deckte zu
zugedeckt
zurück
zurückgeben
er/sie/es gibt zurück
gab zurück
zurückgegeben
Zweck, der die Zwecke

Warum passt dieses Wort noch nicht in den Konso-Checker?
Man muss es erst vorbereiten, damit es hineinpasst:

glücklich ich teile das Wort auf in: glück + lich

Teile diese **besonderen ck-Wörter** auf. Beispiel: *am schicksten* am *schick-sten*
Es geht hier nicht um die Trennung am Zeilenende. Danach müsste man so trennen: *am schicks-ten.*
Die Lösungen findest du in der ck-Liste, beachte auch die grauen Wortbausteine.

am dicksten ich teile auf in: ______________________

die Entwicklung ich teile auf in: ______________________

erschrickt ich bilde die Grundform mit -en (*erschr-*, *wir erschr-*): ______________________

glücklich ich teile auf in: ______________________

das Päckchen ich teile auf in: ______________________

die Rücksicht ich teile auf in: ______________________

das Schicksal ich teile auf in: ______________________

schrecklich ich teile auf in: ______________________

steckt ich bilde die Grundform mit -en (*st-*, *wir st-*): ______________________

verpackt ich bilde die Grundform mit -en (*verp-*, *wir verp-*): ______________________

verrückt ich teile auf in: ______________________

und ich bilde die Grundform mit -en (*verr-*, *wir verr-*): ______________________

zurückgeben ich teile auf in: ______________________

Schreibe drei Sätze mit möglichst vielen ck-Wörtern in dein Heft.
Suche dir die Wörter aus der Liste aus. Beispielsatz:

Wenn Ricke einen Augenblick um die Ecke
an der Ackerbrücke guckt,
entdeckt sie unter einer dicken Decke
schrecklich dreckige Päckchen.

Partner- oder Gruppenspiel mit Verben (Zeitwörtern)

Suche dir aus der Liste ein Verb aus. Lies die Zeile mit *„er/sie/es …"* vor.
Deine Mitspieler oder Partner bilden dann mündlich die Grundform mit *-en*.
Beispiel: Du liest vor: *„Er, sie, es weckt"*. Deine Mitspieler antworten: *„wecken"*.
Dann schreibt jeder in sein Heft: *wecken: er weckt, sie weckt, es weckt.*
Danach wechselt ihr euch ab. Auf der Seite 34 sind alle Verben mit einer Uhr gekennzeichnet.

mm nach einem Kurzvokal — Basisschreibung ist m

ankommen
  er/sie/es kommt an
  kam an
  angekommen
Badezimmer, das — die Badezimmer
bekommen
  er/sie/es bekommt
  bekam
  bekommen
bestimmen
  er/sie/es bestimmt
  bestimmte
  bestimmt
bestimmt → auch: bestimmen
bestimmte, bestimmten, bestimmter
Bestimmung, die — die Bestimmungen
brummen
  er/sie/es brummt
  brummte
  gebrummt
bummeln
  er/sie/es bummelt
  bummelte
  gebummelt
Damm, der — die Dämme
dumm — dümmer — am dümmsten
Dummheit, die — die Dummheiten
Flamme, die — die Flammen
gekommen → kommen
genommen (nehmen, er/sie/es nimmt, nahm, genommen)
geschwommen → schwimmen
Gummi, das (auch: der) — die Gummis
Hammer, der — die Hämmer
herauskommen
  er/sie/es kommt heraus
  kam heraus
  herausgekommen
hereinkommen
  er/sie/es kommt herein
  kam herein
  hereingekommen
herkommen
  er/sie/es kommt her
  kam her
  hergekommen
Himmel, der 
immer
immerhin
jammern
  er/sie/es jammert
  jammerte
  gejammert
Kamm, der — die Kämme

kämmen
  er/sie/es kämmt
  kämmte
  gekämmt
Kammer, die — die Kammern
Klammer, die — die Klammern
klemmen
  er/sie/es klemmt
  klemmte
  geklemmt
kommen
  er/sie/es kommt
  kam
  gekommen
Kommissar, der (FW) — die Kommissare
krumm — krummer — am krummsten (am krümmsten)
kümmern
  er/sie/es kümmert
  kümmerte
  gekümmert
Mecklenburg-Vorpommern
mitkommen
  er/sie/es kommt mit
  kam mit
  mitgekommen
nimmt (nehmen, er/sie/es nimmt, nahm, genommen)
Nummer, die (FW) — die Nummern
nummerieren (FW)
  er/sie/es nummeriert
  nummerierte
  nummeriert
Pommes, das (FW, Umgangsspr.) — die Pommes
Programm, das (FW) — die Programme
rauskommen → herauskommen
  er/sie/es kommt raus
  kam raus
  rausgekommen
runterkommen → herunterkommen
  er/sie/es kommt runter
  kam runter
  runtergekommen
sammeln
  er/sie/es sammelt
  sammelte
  gesammelt
Sammlung, die (→ sammel) die Sammlungen
  Ausnahme, hier soll der Baustein sammel möglichst erhalten bleiben. Da *Sammelung nicht gut zu sprechen ist, wurde wie bei regenen oder öffenen das schwache e gelöscht.
Schlafzimmer, das — die Schlafzimmer
schlimm — schlimmer — am schlimmsten
Schwamm, der — die Schwämme
Schwimmbad, das — die Schwimmbäder

sch w i mm e n
er/sie/es sch w i mm t
sch w a mm
g e sch w o mm e n

S o mm e r, der — die S o mm e r
S t a mm, der — die S t ä mm e
S t i mm e, die — die S t i mm e n
s t i mm e n
er/sie/es s t i mm t
s t i mm t e
g e s t i mm t

S u mm e, die (FW) — die S u mm e n
V e r s a mm l u ng, die (eigentlich: Ver + s a mm ~~e~~ l + ung → s a mm e l)
die Versammlungen

Fortsetzung: Ver sammlung
Ausnahme, hier soll der Baustein sammel möglichst erhalten bleiben. Da *Versammelung nicht gut zu sprechen ist, wurde wie bei regenen oder öffenen das schwache e gelöscht.

v o ll k o mm e n
v o r b ei k o mm e n
er/sie/es k o mm t v o r b ei
k a m v o r b ei
v o r b ei g e k o mm e n

V o r k o mm e n, das
W oh n z i mm e r, das — die W oh n z i mm e r
Z i mm e r, das — die Z i mm e r
z u s a mm e n

Teile diese **besonderen mm-Wörter** auf, z. B.: *bestimmt* *bestimm-en, wir bestimmen*
Die Lösungen findest du in der mm-Liste, beachte auch die grauen Wortbausteine.

bestimmt ich bilde die Grundform mit -en (*b*-, Probe: *wir be*-): ____________________

die Dummheit ich teile auf in: ____________________

nimmt ich bilde die Grundform mit -en (*n*-, *wir neh*-): ____________________

das Schwimmbad ich teile auf in: ____________________

! Hier haben wir die Ausnahme: Samml-

die Sammlung, auch das Sammlerstück oder die Versammlung

Schreibe drei Sätze mit möglichst vielen mm-Wörtern in dein Heft.

Beispielsatz: Jeden Sommer sammeln Timm und Emma zusammen immer im Schwimmbad vollkommen krumme Pommes.

26. Sortiere und schreibe alle mm-Wörter aus der Liste in dein Heft.

amm	der Damm,
emm	klemmen –
imm	das Badezimmer,
omm	ankommen,
umm	brummeln,
ümm	dümmer,
ämm	kämmen –

tz nach einem Kurzvokal

Basisschreibung ist **z**

Aufsatz, der — die Aufsätze
besetzt → besetzen → setzen
besetzen
  er/sie/es besetzt
  besetzte
  besetzt
besitzen
  er/sie/es besitzt
  besaß
  besessen
Blitz, der — die Blitze
blitzen
  er/sie/es blitzt
  blitzte
  geblitzt
Gesetz, das — die Gesetze
gesetzt → setzen
Grundsatz, der — die Grundsätze
hetzen
  er/sie/es hetzt
  hetzte
  gehetzt
Hitze, die — kein Plural
jetzt (Ausnahme, von *jeze, itzo*)
Katze, die — die Katzen
kitzeln
  er/sie/es kitzelt
  kitzelte
  gekitzelt
kratzen
  er/sie/es kratzt
  kratzte
  gekratzt
Lätzchen, das — die Lätzchen
letzte → letzter (Ausnahme, von *lest, lezzist*)
letzter — letzte — letztes (Ausnahme, von *lest, lezzist*)
letzterer — letztere — letzteres
Marktplatz, der — die Marktplätze
Matratze, die (FW) — die Matratzen
Mütze, die — die Mützen
Netz, das — die Netze
nutzen
  er/sie/es nutzt
  nutzte
  genutzt
Nutzen, der — die Nutzen
nützen
  er/sie/es nützt
  nützte
  genützt
nützlich — nützlicher — am nützlichsten
Pfütze, die — die Pfützen
Platz, der — die Plätze

platzen
  er/sie/es platzt
  platzte
  geplatzt
plötzlich
putzen
  er/sie/es putzt
  putzte
  geputzt
Satz, der — die Sätze
Schatz, der — die Schätze
Schätzchen, das — die Schätzchen
Schmutz, der
schmutzig — schmutziger — am schmutzigsten
Schnitzel, das — die Schnitzel
schnitzen
  er/sie/es schnitzt
  schnitzte
  geschnitzt
Schutz, der
schützen
  er/sie/es schützt
  schützte
  geschützt
schwitzen
  er/sie/es schwitzt
  schwitzte
  geschwitzt
setzen (sich)
  er/sie/es setzt (sich)
  setzte (sich)
  (sich) gesetzt
setzt (sich) → setzen (sich)
Sitz, der — die Sitze
sitzen
  er/sie/es sitzt
  saß
  gesessen
Spielplatz, der — die Spielplätze
spitz — spitzer — am spitzesten
Spitze, die — die Spitzen
spitzen
  er/sie/es spitzt
  spitzte
  gespitzt
spritzen
  er/sie/es spritzt
  spritzte
  gespritzt
stützen
  er/sie/es stützt
  stützte
  gestützt
trotz
trotzdem

trotzen
er/sie/es trotzt
trotzte
getrotzt

verletzen
er/sie/es verletzt
verletzte
verletzt

Verletzung, die — die Verletzungen

verschmutzen
er/sie/es verschmutzt
verschmutzte
verschmutzt

Verschmutzung, die — die Verschmutzungen

Witz, der — die Witze

witzig — witziger — am witzigsten

zuletzt (Ausnahme, von *lest, lezzist*) → letzter

Bilde neue Wörter

Wörter mit tz	Wörter mit -z und einem weiteren Konsonanten
der Satz	*das Salz, salzig, der Salzstreuer*
der Schmatz	das Schmalz, schmalzig
das Netz	der Nerz

Teile diese **besonderen tz-Wörter** auf. Beispiel: *besetzt* *besetz-en, wir besetzen*
Die Lösungen findest du in der tz-Liste, beachte auch die grauen Wortbausteine.

besetzt ich bilde die Grundform mit -en (*b*-, *wir be* -): ____________

gesetzt ich bilde die Grundform mit -en (*se*-, *wir se* -): ____________

das Lätzchen ich teile auf in: ____________

nützlich ich teile auf in: ____________

plötzlich ich teile auf in: ____________

das Schätzchen ich teile auf in: ____________

setzt (sich) ich bilde die Grundform mit -en (*se*-, *wir se- uns*): ____________

trotzdem ich teile auf in: ____________

verschmutzt ich bilde die Grundform mit -en (*v*-): ____________

Partner- oder Gruppenspiel mit Verben (Zeitwörtern)

Suche dir aus der Liste ein Verb aus. Lies die Zeile mit „*er/sie/es …*" vor.
Deine Mitspieler oder Partner bilden dann mündlich die Grundform mit *-en*.
Beispiel: Du liest vor: „*Er, sie, es sitzt*". Deine Mitspieler antworten mit: „*sitzen*".
Dann schreibt jeder in sein Heft: *sitzen: er sitzt, sie sitzt, es sitzt.*
Auf der Seite 39 sind alle Verben mit einer Uhr gekennzeichnet.

! Die wichtigsten Ausnahmen:

jetzt – **letzte** (auch letzten, letzter, letztes, letztlich, letztens) – **zuletzt**

rr nach einem Kurzvokal

Basisschreibung ist r

Arrest, der (FW) selten: die Arreste
beherrschen (sich) Ausnahme, da das Wort Herr als Baustein erhalten bleiben soll: herr + sch und Herr + sch + er
er/sie/es beherrscht (sich)
beherrschte (sich)
(sich) beherrscht
dürr dürrer am dürrsten
Geschirr, das selten: die Geschirre

Gitarre, die (FW) die Gitarren
Herr, der die Herren
herrlich herrlicher am herrlichsten
Herrscher, der die Herrscher
Ausnahme, da hier das Wort Herr als Baustein erhalten bleiben soll: herr + sch und Herr + sch + er. Bei der Schreibweise *Herscher würde man sonst fälschlich ein langes e sprechen.

irren (sich)
er/sie/es irrt (sich)
irrte (sich)
(sich) geirrt
klirren
er/sie/es klirrt
klirrte
geklirrt
knurren
er/sie/es knurrt
knurrte
geknurrt
sperren
er/sie/es sperrt
sperrte
gesperrt
Terrasse, die (FW, terra = Erde) die Terrassen
verirren sich
er/sie/es verirrt sich
verirrte sich
sich verirrt

Teile diese **besonderen rr-Wörter** auf. Beispiel: *herrlich* *herr-lich*
Die Lösungen findest du in der rr-Liste, beachte auch die grauen Wortbausteine.

herrlich ich teile auf in: ______________________

irrt ich bilde die Grundform mit -en (*i*-, Probe: *wir i*-): ______________________

sperrt ich bilde die Grundform mit -en (*sp*-, Probe: *wir sp*-): ______________________

verirrt ich bilde die Grundform mit -en (*ver*-, Probe: *wir ver*-): ______________________

27. Sortiere die Wörter nach Wortarten. Ein Wort hat keine Verdoppelung.
GEKLIRR – KNURREN – HERR – HERRLICH – VERIRREN – DÜRR –
GESCHIRR – KLIRREN – SPERREN – HERAUS - ABSPERREN

Nomen	Verben	Adjektive	kleine Wörter
das Geklirr			

! Die wichtigste Ausnahme: herrsch

herrschen – beherrschen – der Herrscher – die Beherrschung – beherrschbar

ff nach einem Kurzvokal

Basisschreibung ist **f**

Affe, der		die Affen
Angriff, der		die Angriffe
Anpfiff, der → Pfiff		die Anpfiffe
Begriff, der		die Begriffe
betreffend		
gegriffen	(greifen, er/sie/es greift, griff, gegriffen)	
geschafft	→ schaffen	
getroffen	→ treffen	
Giraffe, die (FW)		die Giraffen
griff	(greifen, er/sie/es greift, griff, gegriffen)	
Griff, der		die Griffe
hoffen	er/sie/es hofft, hoffte, gehofft	
hoffentlich		
Hoffnung, die	hier soll der Baustein Hoff- erhalten bleiben und da es nicht *Hoff- ung heißen soll, wird ein Fugen-n vor das -ung eingefügt: Hoff + n + ung	die Hoffnungen
Kartoffel, die		die Kartoffeln
Koffer, der		die Koffer

Löffel, der		die Löffel
offen	offener	am offensten
öffentlich	öffentlicher	am öffentlichsten
öffnen	Ausnahme, da hier das Wort offen zu öffn verkürzt wurde, weil *öffenen oder *Öffenung nicht gut zu sprechen sind. er/sie/es öffnet, öffnete, geöffnet	
pfiff	(pfeifen, er/sie/es pfeift, pfiff, gepfiffen)	
Pfiff, der		die Pfiffe
schaffen	er/sie/es schafft, schaffte (schuf), geschafft	
Schiff, das		die Schiffe
Stoff, der		die Stoffe
treffen	er/sie/es trifft, traf, getroffen	
trifft	→ treffen	
Treffen, das		die Treffen
Waffe, die		die Waffen
Waffel, die		die Waffeln

Bilde neue Wörter

Wörter mit ff	Wörter mit -z und einem weiteren Konsonanten
offen	*oft, öfters, oftmals*
das Schiff	das Schilf, das Schild, schildern, die Schilderung

Teile diese **besonderen ff-Wörter** auf. Beispiel: *geschafft* *schaff-en, wir schaffen*
Die Lösungen findest du in der ff-Liste, beachte auch die grauen Wortbausteine.

geschafft ich bilde die Grundform mit -en (*sch*-): ______________________

hofft ich bilde die Grundform mit -en (*h*-): ______________________

schafft ich bilde die Grundform mit -en (*sch*-): ______________________

trifft ich bilde die Grundform mit -en (*t*-): ______________________

! Die wichtigsten Ausnahmen:

öffnen – die Öffnung – die Hoffnung

pp nach einem Kurzvokal — Basisschreibung ist p

Apparat, der (FW) — die Apparate
applaudieren (FW)
er/sie/es applaudiert
applaudierte
applaudierten
doppelt
doppelte → doppelter
doppelter doppelte doppeltes
Galopp, die (FW) — selten: die Galoppe
Grippe, die (FW) — die Grippen
Gruppe, die — die Gruppen
Kappe, die — die Kappen
kippen
er/sie/es kippt
kippte
gekippt
Klappe, die — die Klappen
klappen
er/sie/es klappt
klappte
geklappt

kloppen (umgangsspr. für kloppen oder klopfen)
Mappe, die (FW) — die Mappen
Pappe, die — die Pappen
Puppe, die (FW) — die Puppen
schlapp, schlapper — am schlapp(e)sten
schnappen
er/sie/es schnappt
schnappte
geschnappt
Schuppen, der (der Holzschuppen) die Schuppen
Schuppe, die (die Fischschuppe) die Schuppen
Sternschnuppe, die — die Sternschnuppen
Suppe, die (FW) — die Suppen
Teppich, der (FW)  — die Teppiche
tippen (FW)
er/sie/es tippt
tippte
getippt
Treppe, die — die Treppen

gg nach einem Kurzvokal — Basisschreibung ist g

aggressiv (FW, passt nicht in den Checker)
aggressiver
am aggressivsten
Bagger, der (FW) — die Bagger

Egge, die — die Eggen
Flagge, die (FW) — die Flaggen
Roggen, der — kein Plural

bb nach einem Kurzvokal — Basisschreibung ist b

Ebbe, die — selten: die Ebben
Robbe, die — die Robben
Hobby, das (FW) — die Hobbys
knabbern
er/sie/es knabbert
knabberte
geknabbert

krabbeln
er/sie/es krabbelt
krabbelte
gekrabbelt
kribbeln
er/sie/es kribbelt
kribbelte
gekribbelt

dd nach einem Kurzvokal — Basisschreibung ist d

Hier handelt es sich meistens um Fremdwörter.

buddeln (= umgangssprachlich für: graben)
er/sie/es buddelt
buddelte
gebuddelt
paddeln (FW)
er/sie/es paddelt
paddelte
gepaddelt
Pudding, der (FW) — die Puddings
Teddy, der (FW) — die Teddys
Widder, der — die Widder

Teste dein Wissen mit dem Konso-Gitter

Kannst du hier sogar noch Wörter hinzufügen? Vielleicht hier: ________?

Spielregel: Man darf immer nur einen Buchstaben verändern.

	a	e	i	o	u	ü
tt						
			bitter		Butter	
					___	Mütter
					Kutter	
		fetter	fitter		Futter	füttern
	Gatter		Gitter			
	matter					
	satter					
	Natter	netter				
		Retter	Ritter			
	Ratte	rette	Ritte	Rotte		
			Bitte			
			Quitte			
	satte		Sitte			
	Matte		Mitte	Motte		
	Watte	Wette				
		Wetter				
		wetten				
		Ketten	kitten		Kutten	
mm			immer			
			Zimmer			
			Wimmer			
			Schimmer			
		Schlemmer	schlimmer		___	
			schlimme			
	Schlamm		schlimm			
				Sommer	Summer	
	Hammer				Hummer	
	___				Kummer	kümmern
	Klammer					
	klamm			klomm		
	Kamm			___		
nn	Mann					
	wann	___				
	dann	denn				
	kann		Kinn			
	Kanne					
	Tanne	Tenne		Tonne		
	Pfanne					
	Wanne			Wonne		
	Wannen			Wonnen		
	Kannen	kennen				
		rennen	rinnen			
			drinnen			
tz						
	Latz					
	Satz	setz	sitz			
	Schatz				Schutz	
	Schmatz				Schmutz	
	Katze		Kitze			
	Tatze					
			Kitz			
			Witz			
						Mütze
						Pfütze

Die Vokale sind hier immer kurz. Das wird durch die Konso-Verdoppelung angezeigt.

Erstelle eigene Gitter mit *all, ell, ill, oll, ull* oder mit *ass, ess, iss, oss, uss*.
Das ist gar nicht so einfach, oder?